Diana Depireux

Materialien und Kopiervorlagen
zur Klassenlektüre

Barbara Peters / Fides Friedeberg

Moppel ist verschwunden

Kopierhinweis

Die unterschiedlich gefärbten Silben werden mit folgender Kopiereinstellung am besten lesbar:
- Kopiereinstellung „gedrucktes Foto" wählen, falls vorhanden, oder
- Bildhelligkeit vor dem Kopieren etwas verringern.

Hase und Igel®

Inhalt

MIX Papier FSC® C130643
klimaneutral gedruckt www.klima-druck.de ID-Nr. 22125753

Sonderausgabe zur Lektüre mit Silbenhilfe

www.hase-und-igel.de
Lektorat: Eva Christian
Illustrationen: Fides Friedeberg, Irmtraud Guhe
Satz: Klein & Halm Grafikdesign, Berlin
Druck: Joh. Walch GmbH & Co. KG, Augsburg

ISBN 978-3-86316-485-0

Das Buch

Hurra, heute ist Haustiertag! Mit diesem freudigen Gefühl beginnt das Buch. In „Moppel ist verschwunden“ schafft es die Autorin Barbara Peters gleich mit den ersten Zeilen, eine Brücke zu den jungen Leserinnen und Lesern zu schlagen. Haustiere sind für Kinder ein spannendes und berührendes Thema. Dass die Geschichte in einer Grundschule spielt – in der Erfahrungswelt der Kinder – sorgt für eine schnelle Identifikation. Seite für Seite erleben die Schülerinnen und Schüler die Gefühle von Lilli, der Hauptfigur, hautnah mit. Sie freuen sich, dass Lilli ihr Kaninchen Moppel in die Schule bringen darf und die anderen Kinder aus Lillis Klasse den niedlichen Gast ins Herz schließen. Mathilda, Jonas, Hannes und Malte, die auch Haustiere haben, fühlen sich dem kleinen Kaninchen besonders nah.

Durch den Besuch der Schulsekretärin im Klassenzimmer sind alle abgelenkt und Moppel nutzt den Moment, das Schulhaus auf eigene Faust zu erkunden. Als die Kinder Moppels Verschwinden bemerken, sind sie sehr betroffen. Nach einer kurzen Schrecksekunde ist klar: Wir helfen alle mit. Gemeinsam suchen sie nach dem Kaninchen, überlegen, wo es sich verstecken könnte, trösten Lilli und machen ihr Mut.

Auch die Leserinnen und Leser fiebern mit und erleben die Gefühle der Protagonisten in Echtzeit. Als Moppel am Ende in der Schulküche Mohrrüben mümmelnd gefunden wird, sind alle erleichtert, dass das Kaninchen das Abenteuer mit heilem Fell überstanden hat.

Die Ganzschrift „Moppel ist verschwunden“ richtet sich an Leseanfänger und ist schon ab Ende der ersten Jahrgangsstufe einsetzbar. Die große, gut lesbare Schrift, die geringe Textmenge auf den Seiten und die kindgerechte Sprache macht es Erstlesern leicht, dem Verlauf der Geschichte zu folgen und in die Thematik einzutauchen. Eine zusätzliche Hilfe stellt für viele Schüler die farbige Hervorhebung der einzelnen Silben dar. So werden insbesondere unbekannte Wörter auf Anhieb in der korrekten Silbierung gelesen. Die zauberhaften Illustrationen von Fides Friedeberg helfen beim Erschließen des Inhalts und sorgen für anregende Gesprächsanlässe.

Durch die liebevolle Erzählweise, den Zusammenhalt der agierenden Kinder und den glücklichen Ausgang des Abenteuers entsteht bei den Leserinnen und Lesern ein positives Gefühl, das noch lange nachwirkt.

Das Material

Das vorliegende Material begleitet Sie mit zahlreichen Kopiervorlagen und Unterrichtsideen beim Einsatz dieser Klassenlektüre. Die Kopiervorlagen sind nach Sinnabschnitten zusammengestellt. So können Sie mit den Kindern die Geschichte Stück für Stück lesen und erhalten jeweils thematisch passende Unterrichtsvorschläge dazu.

Im vorangestellten Lehrerteil finden Sie Hinweise und Lösungen zu den Kopiervorlagen, Schreib- und Gesprächsanlässe, Impulse für Spiele und Gestaltungsvorschläge sowie weiterführende Anregungen.

Darauf folgen die Kopiervorlagen direkt für die Hand der Schüler. Neben Arbeitsblättern, die das Textverständnis der Kinder abrufen, finden Sie Materialien, die einzelne Themenbereiche der Lektüre – oft auch handlungsorientiert – vertiefen. So gestalten die Kinder beispielsweise eine Moppel-Box, in der Informationen rund um das Kaninchen gesammelt werden können, und festigen Kenntnisse und Fertigkeiten mit inhaltlich eng an die Geschichte angepassten Spielen und Rätseln wie Domino, Memo und Logical. Fachübergreifende Elemente beziehen den Sach-, Musik- oder Sportunterricht ein, z. B. wenn es um die Pflege von Kaninchen, die Umsetzung einer Klanggeschichte oder die Darstellung tierischer Bewegungsabläufe geht. Den Abschluss der Materialien bildet ein Spiel, das die wichtigsten Inhalte der Lektüre wiederholt.

Die Symbole in der Kopfleiste der Kopiervorlagen machen auf einen Blick deutlich, welche Aktivitäten jeweils im Vordergrund stehen.

Viel Spaß beim Lesen und der gemeinsamen Suche nach dem abenteuerlustigen Kaninchen!

Diana Depireux

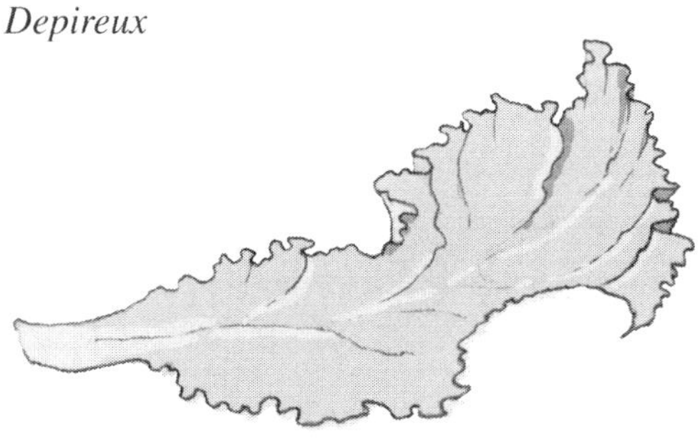

Vor der Lektüre

Zeigen Sie den Kindern zur Vorbereitung auf die Lektüre die Abbildung eines Wildkaninchens in freier Natur und eines Hauskaninchens in häuslicher Umgebung. Auf Nachfrage, wo die Unterschiede liegen, werden die Schüler schnell erkennen, dass es sich bei Letzterem um ein domestiziertes Tier handelt, das beim Menschen lebt und von ihm versorgt wird. Zumindest einige Kinder verfügen in der Regel schon über Vorwissen und berichten, dass sich die wilden Tiere selbst um ihre Nahrung und um einen sicheren Unterschlupf kümmern müssen und dass ihnen Fressfeinde, Wettereinflüsse oder der Mensch (Straßenverkehr, Einschränkung des Lebensraums etc.) gefährlich werden können.

Hinweise zur Kopiervorlage

KV Seite 13

Die Moppel-Box

Diese Kopiervorlage eignet sich als Einstieg in die Lektüre. Präsentieren Sie den Kindern eine bereits gestaltete Moppel-Box. Zu wissen, wie das Objekt später aussehen wird, unterstützt sie beim Lesen und Nachvollziehen der Bastelschritte. In der Box finden Zettel mit den Maßen 5 x 4 cm bequem Platz. Darauf notieren die Kinder in Stichpunkten alle Informationen, die sie im Lauf der Lektüre zu Moppel oder zum Thema Kaninchen allgemein erhalten.

Seite 5 bis 7:
Haustiertag in der Klasse

Inhalt

Lilli ist voller Vorfreude, weil sie am Haustiertag ihr Kaninchen mit in die Schule nehmen darf. Moppel ist nicht das erste Tier, das die Klasse besucht. Vor ihm waren schon Jonas' Hund, Mathildas Katze und Maltes Goldfisch Gäste im Klassenzimmer.

Gesprächs- und Schreibanlässe

Am Haustiertag besuchen verschiedene Tiere die Klasse.

- Hast du ein Haustier oder wünschst du dir eins? Erzähle von ihm.
- Würdest du dir auch einen solchen Tag wünschen? Begründe.
- Welche Haustiere kennst du?

Lillis Kaninchen heißt Moppel.

- Wie könnten die Tiere der anderen Kinder heißen? Welche Haustiernamen kennst du noch?
- Haben Tiere andere Namen als Menschen? Warum?

Hinweise zu den Kopiervorlagen

KV Seite 14

Wem gehört welches Tier?

Auf diesem Arbeitsblatt ordnen die Kinder durch farbige Markierung immer vier passende Elemente einander zu: Abbildung und Name eines Kindes, dazugehöriges Haustier und Information zum Tier. Dies fördert das genaue Lesen der Lektüre.

Lösung

Aufgabe 1:

Lilli
Kaninchen
hat ein graues Fell

Malte
Goldfisch
schwimmt in einem runden Glas

Mathilda
Katze
hat graue Vorderpfoten

Jonas
Hund
ist braun mit hellen Flecken

Aufgabe 2:

z. B.

J – Jakobsmuschel, Junikäfer
O – Otter, Oktopus, Orang-Utan
N – Nashorn, Nilpferd, Nachtigall
A – Adler, Affe, Ameise
S – Skorpion, Seepferdchen, Seehund
M – Maus, Maulwurf, Motte
A – Amsel, Anakonda, Ameisenbär
L – Laus, Leopard, Löwe
T – Taube, Tausendfüßler, Tiger
E – Esel, Elch, Elefant

Weiterführende Anregungen

- Auch für ihren eigenen Namen können die Kinder Wörter mit den entsprechenden Anlauten suchen. Die Begrenzung auf Tiernamen kann entfallen, falls es Kinder mit Buchstaben im Namen gibt, für die sich nur schwer Tiere finden lassen (z. B. Ü, X oder Y).

- Mit dreisilbigen Tiernamen (z. B. Elefant, Känguru, Papagei, Giraffe, Ameise, Krokodil, Kaninchen, Leopard, Regenwurm, Pinguin, Schildkröte oder Eichhörnchen) können die Kinder ein Tier-Mix-Max gestalten. Hierzu werden die Tiernamen in ihre Silben aufgeteilt. Die erste Silbe wird auf eine rote Karte geschrieben, die zweite auf eine gelbe und die letzte Silbe auf eine grüne Karte. Die drei Kartenstapel werden innerhalb jeder Farbe vermischt und nach Farben sortiert auf den Tisch gelegt. Nacheinander nehmen die Kinder eine Karte von jedem Stapel, fügen diese zusammen und lesen den Namen ihres Quatschtiers vor.

KV Seite 15

Haustiere

Diese Kopiervorlage beschäftigt sich mit Haustieren im Allgemeinen und kann im Verlauf der gesamten Lektüre eingesetzt werden. Aus den Schattentieren filtern die Kinder die Haustiere heraus und notieren die Namen mit dem passenden Artikel dazu. Sollte es uneinheitliche Zuordnungen geben, z. B. bei der Maus, erläutern Sie, dass manche Tiere als Haus- und Wildtiere bei uns vorkommen. Anschließend überlegen sich die Schüler weitere Haustiere und malen sie auf.

Lösung

Aufgaben 1 und 2:

das Kaninchen, die Katze, der Vogel (der Papagei), der Hund, die Maus

Aufgabe 3:

z. B. Hamster, Meerschweinchen, Schildkröte, Schlange

Weiterführende Anregung

Im Rahmen des Besuchs eines Bauernhofs oder mithilfe eines Kindersachbuchs (z. B. „Der Bauernhof. Ein Lebensraum für Tiere und Pflanzen“ aus der Reihe „Schauen und Wissen!“, Hase und Igel Verlag) können die Kinder die Funktionen von Nutztieren erarbeiten. Nutztiere verschaffen uns Vorteile: Wir nutzen Fleisch, Milch, Eier, Wolle, Fell, Leder und Arbeitskraft dieser Tiere. Im Vergleich dazu erkennen die Schüler, dass Haustiere eher als soziale Kontakte dienen.

KV Seite 16

Für Schlaue

Ziel dieser Kopiervorlage ist die Überprüfung des Textverständnisses. Die Kinder entscheiden, ob eine Aussage wahr oder falsch ist, und markieren den entsprechenden Buchstaben. Das Ausmalbild in Aufgabe 2 dient der Selbstkontrolle.

Lösung

Aufgabe 1:

	wahr	falsch
1. Lilli geht in die Grundschule.	X	
2. Das Kaninchen heißt Mappel.		X
3. Mathilda hat ihren Hamster mitgebracht.		X
4. Lilli freut sich sehr auf den Haustiertag.	X	
5. Ein Pferd war auch schon im Klassenzimmer.		X
6. Malte besitzt einen Goldfisch.	X	
7. Jonas hat einen Hund als Haustier.	X	
8. Moppel besucht die Klasse als erstes Tier.		X

Aufgabe 2:

Frau Unruh besitzt ein Pferd.

Weitere Unterrichtsvorschläge

- Das Falten eines Haustiers in Origami-Technik macht großen Spaß, fördert die Feinmotorik und regt zum Erzählen an. Geeignete Bastelanleitungen finden Sie beispielsweise unter *www.besserbasteln.de/Origami/origami_tiere.html*
- Im Kunstunterricht lernen die Kinder den Künstler Pablo Picasso und seine berühmten Ein-Linien-Tiere kennen. In diesem Stil fertigen sie Hunde, Katzen,

Mäuse, Vögel und Fische an. Der Einstieg in die Technik wird erleichtert, wenn die Kinder Picassos Ein-Linien-Tiere in ausgedruckter Form zum Nachfahren erhalten. Mit etwas Übung gelingen den Kindern dann auch eigene Bilder. So schärfen sie ihren Blick für die charakteristischen Merkmale der Tiere.

- Moppel ist ein Kaninchen. Sammeln Sie mit den Schülern weitere Tierarten, die auf „-chen" enden, z.B. Meerschweinchen, Glühwürmchen, Eichhörnchen, Seepferdchen. Großen Spaß macht es Kindern, mit dieser Endung bei vorgegebenen Tierarten Tierkinder zu bilden, z.B. Ente – Entchen, Schwein – Schweinchen. In der Welt der Kinder spielen auch diese Begriffe mit der Endung „chen" eine Rolle: Mäppchen, Kästchen, Spielhäuschen, Würstchen, Kleidchen. Im Gegensatz zu den Tierarten sind die Bezeichnungen für Tierkinder und andere Wortbildungen mit „chen" meist Diminutive, also Verkleinerungsformen. Die Kinder können die Bildung dieser Wörter üben, indem sie eine Miniaturwelt ihres Klassenzimmers beschreiben, in der es nur kleine Gegenstände gibt: Täfelchen, Tischchen, Heftchen …

Seite 8 bis 11:
Moppel wird vorgestellt

Inhalt

Die Kinder in Lillis Klasse lernen das Kaninchen Moppel kennen. Die Lehrerin verteilt Salatblätter, mit denen die Kinder das Tier füttern können. Moppel mag Salatblätter sehr gern. Er hoppelt zutraulich auf Hannes zu, knabbert am Blatt und lässt sich von ihm streicheln.

Gesprächs- und Schreibanlässe

Moppel mag Salatblätter.

- Womit fütterst du dein Haustier?
- Was fressen andere Tiere?
- Was isst du gern?

Moppels Fell fühlt sich gut an.

- Hast du auch schon ein Tier gestreichelt? Wie hat sich sein Fell oder seine Haut angefühlt?
- Warum streicheln wir Tiere so gern?
- Sind unsere Haare auch so weich und seidig? Welche Unterschiede zum Kaninchenfell gibt es?

Hinweise zu den Kopiervorlagen

KV Seite 17 **Hallo Moppel!**

Bei der ersten Aufgabe dieser Kopiervorlage entscheiden die Schüler, ob die Aussagen wahr oder falsch sind. Das Lösungswort dient zur Selbstkontrolle. Danach ordnen die Kinder durcheinandergewürfelte Satzteile zu Sätzen. Weisen Sie schwächere Schüler darauf hin, dass der Satzanfang an der Großschreibung und das Satzende am Punkt erkennbar ist.

Lösung

Aufgabe 1:

	wahr	falsch
Die Kinder sitzen im Stuhlkreis.	X	
Moppel hat kein weiches Fell.		X
Die Lehrerin verteilt Möhren.		X

DIE OHREN VON KANINCHEN NENNT MAN LÖFFEL.

Aufgabe 2:

Heute ist Haustiertag.
Vorsichtig streichelt Hannes das Kaninchen.
Moppel knabbert am Salatblatt in Hannes' Hand.

Weiterführende Anregungen

- Moppels Fell wird im Text als grau, weich und glatt beschrieben und es wird erwähnt, dass es sich gut anfühlt. Hier können Sie mit den Kindern das Steigern von Adjektiven (gut/besser/am besten) einbinden und Gegenteilwörter (gut – schlecht) finden.
- Moppel wird in einer Box transportiert. Sammeln Sie mit den Schülern weitere Behältnisse, um ihren Wortschatz zu erweitern. Möglich sind z.B. Kiste, Karton, Koffer, Rucksack, Tasche, Beutel, Mäppchen oder Ranzen. Mit einem Ratespiel kann das genaue Beschreiben von Gegenständen geübt werden: Ein Schüler wählt ein Behältnis aus und beschreibt es, die anderen raten.

KV Seite 18 **Schildkröten-Logical**

Dieses Logical können Sie während der gesamten Lektüre einsetzen. Dabei werden spielerisch das genaue Lesen und die Kombinationsgabe trainiert. Die Kinder müssen die Farben der drei Schildkröten sowie deren Namen und den Namen des jeweiligen Besitzers zuordnen und notieren. Für schwächere Schüler können Sie die Aufgabe vereinfachen, indem Sie eine Reihenfolge vorgeben, in der die Sätze gelesen werden sollen, z.B. 2, 3, 7, 6, 5, 1 und 4.

Lösung
Aufgabe 1:

	weiße Schildkröte mit grünem Panzer	braune Schildkröte mit gelbem Panzer	schwarze Schildkröte mit grauem Panzer
Besitzer	Ben	Tom	Anna
Tiername	Susi	Lucky	Mio

Aufgabe 2:
z. B. Es gibt Land- und Wasserschildkröten. Manche Schildkröten leben in Süßwasser, andere aber auch im Meer. Es gibt ebenso Schildkrötenarten, die keinen feuchten Lebensraum benötigen und die in Steppen und Wüsten zu Hause sind. Schildkröten können sehr alt werden. Sie vergraben ihre Eier und lassen sie von der Sonne ausbrüten.

KV Seite 19 **Doppelt gemoppelt**
Hier lesen die Schüler zunächst die vorgegebenen Sätze und werden dort auf Wörter mit Doppelkonsonanten aufmerksam. Danach suchen sie in der Lektüre Wörter mit dieser orthographischen Besonderheit. Beim Aussprechen der Begriffe erkennen sie, dass der vorangehende Vokal kurz klingt. Dies vertieft den Merksatz: „Doppelkonsonanten stehen nur nach kurzen Vokalen."

Lösung
Aufgabe 2:
Moppel, Salatblatt, Hannes, hoppelt, knabbert, Blatt
Hannes, Kaninchenfell, glatt

KV Seite 20 **Wer wohnt wo?**
Mithilfe dieser Kopiervorlage erweitern die Schüler ihr Wissen über Haustiere. In einem Memo-Spiel ordnen sie Tierarten unterschiedliche Behausungen zu. Anschließend beschäftigen sie sich mit ihrem eigenen Zimmer. Das Beschreiben wird erleichtert, wenn diese Aufgabe zunächst im Plenum anhand eines Beispiels mündlich bearbeitet wird. So wird den Kindern das benötigte Vokabular an die Hand gegeben und ihr Wortschatz erweitert.

Weiterführende Anregungen

- Auch Gebäude können wir je nach Verwendungszweck an ihrem Äußeren erkennen. Die Kinder unterscheiden Wohnhäuser, Schulen, Hochhäuser, Bahnhöfe, Kirchen, Türme, Burgen, Schlösser, Rathäuser, Gartenhütten etc. und benennen sie. Dazu können Bilder aus Zeitungen und Zeitschriften gesammelt oder Fotos vom Wohnort gemacht und dann nach Kategorien sortiert werden.
- Im Sachunterricht können Sie die Behausungen verschiedener Wildtiere und deren Bezeichnungen erarbeiten. Im Internet finden sich dazu unter dem Stichwort „Stockwerke des Waldes" anschauliche Bilder, die zeigen, wie die Tiere die unterschiedlichen Bereiche des Waldes nutzen, um dort ihren Unterschlupf zu bauen.

Seite 12 bis 15: **Moppel ist weg**

Inhalt

Das Streicheln und Füttern des Kaninchens im Klassenzimmer wird durch ein Klopfen an der Tür unterbrochen, denn die Sekretärin Frau Sauer hat eine Nachricht für Frau Unruh. Die Lehrerin sowie die Kinder sind davon abgelenkt und achten nicht mehr auf das Kaninchen. Als Frau Sauer wieder geht, entdecken sie, dass Moppel verschwunden ist.

Gesprächs- und Schreibanlässe

Es klopft an der Tür.

- Warum klopfen wir an geschlossene Türen?
- Hast du schon einmal an eine Tür geklopft? Wo war das? Was wolltest du dort?
- Welche Nachricht könnte Frau Sauer für die Lehrerin haben?

Moppel ist verschwunden.

- Ist dein Haustier oder etwas anderes, was du magst, schon einmal verschwunden? Ist es wieder aufgetaucht?
- Wie fühlt sich Lilli wohl jetzt?
- Haben deine Eltern dich schon einmal gesucht? Warum bist du verloren gegangen?

Hinweise zu den Kopiervorlagen

KV Seite 21 **Was passiert hier?**
Mit einem Lückentext und einem Kreuzworträtsel überprüfen Sie hier das Textverständnis der Schüler. Außerdem überlegen die Kinder, wie die Geschichte weitergehen könnte, und formulieren einen möglichen Verlauf in eigenen Worten. Um sie darauf vorzubereiten,

können Sie gezielte Fragen stellen. Wo könnte Moppel sein? Hat er sich vielleicht versteckt? Könnte er durch die offene Tür entwischt sein? Weitere Differenzierung ist möglich, indem Sie schwächeren Schülern Stichwortkarten (z. B. „hinter dem Abfalleimer", „hat Angst", „Suche im Schulgarten", „Hausmeister findet Kaninchen" etc.) für die Fortsetzung der Geschichte anbieten.

Lösung

Aufgabe 1:

Plötzlich klopft es an der Tür. Es ist die Sekretärin der Schule. Sie hat eine Nachricht für Frau Unruh.

Aufgabe 2:

		①												
		S												
④	S	A	L	A	T	B	L	Ä	T	T	E	R		
		U						②						
③	V	E	R	S	C	H	W	U	N	D	E	N		
		R						N						
				⑤	S	E	K	R	E	T	Ä	R	I	N
								U						
				⑥	N	A	C	H	R	I	C	H	T	

Kurz nicht aufgepasst

KV Seite 22

Diese Kopiervorlage greift das Phänomen der Ablenkung auf. Nachdem die Bedeutung des Wortes geklärt wurde, ordnen die Kinder Satzteile von unterschiedlichen Situationen einander zu, in denen Menschen sich nicht auf das Wesentliche konzentrieren. Sprechen Sie im Anschluss mit den Schülern über die Sätze. Wir können dem Unterricht nicht folgen oder die Hausaufgaben nicht gut erledigen, wenn wir abgelenkt sind. Im Straßenverkehr kann Unaufmerksamkeit gefährlich werden, wenn wir dadurch andere Verkehrsteilnehmer nicht oder zu spät wahrnehmen. Sicher kennen die Kinder solche Situationen aus eigener Erfahrung.

Überlegen Sie mit den Schülern, wie man Ablenkungen minimieren kann. Hier einige Ideen: Bei den Hausaufgaben, beim Radfahren oder beim Spazierengehen keine Musik hören und kein Handy nutzen, vor dem Arbeiten den Schreibtisch aufräumen, das Fenster schließen, wenn es draußen laut ist, ein Türschild mit „Bitte nicht stören" anbringen.

Lösung

Aufgabe 1:

Sie achten auf etwas anderes.

Aufgabe 2:

Tim spielt im Unterricht mit einem Papierflieger. Max hört Mamas Frage nicht. Er beobachtet die Vögel durch das Fenster. Ole sieht den Radfahrer nicht, weil er eine Nachricht liest. Pit denkt an Fußball, statt im Matheunterricht aufzupassen. Anna kann nicht lesen, weil der Hund so laut bellt. Susi hört Musik. Deshalb braucht sie lange für ihre Hausaufgaben. Herr Otto telefoniert beim Autofahren und achtet nicht auf den Straßenverkehr.

Nachrichten

KV Seite 23

Mit der ersten Aufgabe wird hier an die Vorerfahrungen der Schüler angeknüpft, die sicher schon erlebt haben, dass die Sekretärin eine Nachricht überbringt. Im Anschluss ordnen die Kinder verschiedene Aussagen in wörtlicher Rede den passenden Begleitsätzen zu und überlegen in Partnerarbeit, welche Nachrichten wir über die verschiedenen Medien erhalten.

Fassen Sie im Plenum abschließend die Ideen der Kinder zusammen. Gehen Sie dabei der Frage nach, warum z. B. die Nachricht, dass ein Kind einen Hund zum Geburtstag bekommen hat, nicht in der Zeitung steht oder warum die Telefonrechnung nicht per Anruf übermittelt wird. Was zeichnet also welches Medium aus?

Lösung

Aufgabe 1:

z. B. „Frau Unruh, Sie sollen in der Pause bitte die Mutter von Max anrufen."

Aufgabe 2:

Oma stöhnt: „Ich habe schlimme Kopfschmerzen."
Der Lehrer verkündet: „Wir schreiben heute einen Test."
Opa flüstert: „Pst, nicht so laut. Das Baby schläft."
Papa ruft ungeduldig: „Beeil dich, wir müssen los!"

Aufgabe 3:

z. B. Telefon: Eltern, Großeltern oder Freunde erzählen, wie es ihnen geht. Ein Klassenkamerad informiert, welche Hausaufgaben gemacht werden müssen.
Brief: Einladungen zum Geburtstag, zum Elternabend oder zum Sommerfest; Berichte von Brieffreunden
Smartphone: Eltern, Großeltern oder Freunde schicken lustige Bilder, Witze oder Videos aus dem Urlaub.
Zeitung: Berichte über Treffen von Politikern, Konflikte in der Welt oder Sportereignisse; Vereinsnachrichten
Computer: Freunde oder Verwandte berichten über Neuigkeiten. Unternehmen informieren über neue Produkte.

Weiterführende Anregung
Erstellen Sie mit den Kindern eigene Nachrichtenseiten. Diese können als Plakate im DIN-A2-Format angefertigt werden und von Ereignissen aus der Klasse oder der Schule berichten (z. B. Schullandheimaufenthalt, Renovierungsarbeiten am Schulgebäude, bevorstehende Veranstaltungen). Die Kinder erstellen dazu kurze Texte am Computer, finden eine Überschrift und drucken ihre Artikel so aus, dass alle dieselbe Spaltenbreite aufweisen. Zuletzt werden die Nachrichten mit gemalten Bildern und Fotos ergänzt und auf den Plakaten angeordnet.

Seite 16 bis 28:
Die große Suche

Inhalt

Die Kinder suchen das Kaninchen überall. Jonas, Mathilda, Hannes und Malte geben dabei mit Informationen, wo sich ihre Haustiere gern verstecken, Impulse für die Suche. Doch Moppel ist nirgends im Raum zu finden. Obwohl sich die Kinder dann außerhalb des Klassenzimmers umsehen, entdecken sie das Kaninchen nicht. Lilli beginnt zu weinen. Mathilda versucht, sie zu trösten.

Gesprächs- und Schreibanlässe

Die Haustiere haben unterschiedliche Verstecke.
- Wo könnte sich Moppel in unserem Klassenzimmer verstecken?
- Warum verkriechen sich Tiere?
- Versteckst du dich auch manchmal? Warum? Wie sieht dein Lieblingsversteck aus?

Lilli ist traurig.
- Warum weint Lilli?
- Was hilft dir, wenn du traurig bist?
- Wie können wir jemanden trösten?

Hinweise zu den Kopiervorlagen

KV Seite 24

Drunter und drüber
Dieses Arbeitsblatt hat den Einsatz von Präpositionen als Schwerpunkt. Zunächst ordnen die Schüler chronologisch, wo die Kinder in der Geschichte nach Moppel suchen. Dabei wird ihre Aufmerksamkeit auf die Präpositionen gelenkt. Zur Vertiefung betrachten sie anschließend Bilder, in denen Raum-Lage-Beziehungen dargestellt sind, und ergänzen in den zugehörigen Sätzen die fehlenden Präpositionen.

Lösung
Aufgabe 1:
1. Lilli schaut unter ihren Stuhl.
2. Jonas schaut hinter seinen Stuhl.
3. Die Kinder schauen unter den Tischen.
4. Die Kinder schauen hinter den Pflanzen.

Aufgabe 2:
Der Hund versteckt sich hinter Jonas' Stuhl.
Die Katze liegt gerne unter Mathildas Tisch.
Der Kanarienvogel fliegt auf den Schrank hinauf.
Der Goldfisch versteckt sich unter den Algen.

Aufgabe 3:
Die Katze schläft <u>auf</u> dem Sofa.
Die Maus sitzt <u>in</u> der Schachtel.
Die Lampe hängt <u>über</u> dem Tisch.
Der Junge versteckt sich <u>hinter</u> dem Baum.
Der Futternapf steht <u>vor</u> der Hundehütte.
Der Ball liegt <u>unter</u> dem Bett.

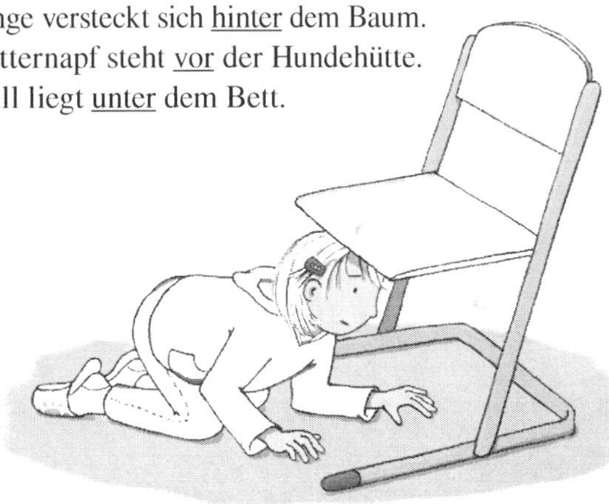

KV Seite 25

Tiergetrappel
Jonas' Aussage „Aber ein Kaninchen kann doch nicht fliegen!" dient hier als Aufhänger dafür, sich mit verschiedenen Fortbewegungsarten von Tieren auseinanderzusetzen. Die Schüler tragen die fehlenden Buchstaben bei den Verben der Bewegung ein und erweitern so ihren Wortschatz. Danach stellen sie diese Bewegungen lautmalerisch durch verschiedene Instrumente dar und lassen den Text zur Klanggeschichte werden. Abschließend werden für jedes Tier Tanzschritte erfunden. Es bietet sich an, die letzte Aufgabe in die Turnhalle zu verlegen, damit ausreichend Platz zur Verfügung steht. Sie können die Klasse auch in zwei Gruppen aufteilen: Eine Gruppe stellt die Gangarten der Tiere pantomimisch dar, die andere begleitet sie mit Instrumenten.

Lösung
Aufgabe 1:
Das Kaninchen hoppelt über die Felder zu Hugo.
Die Ente watschelt zum See und paddelt zum anderen Ufer.
Der Bär stampft durch den Wald.
Das Pferd galoppiert herbei.
Die Maus trippelt den Waldweg entlang.
Der Käfer krabbelt über Stock und Stein.
Die Schlange schlängelt sich durchs Laub.
Jetzt sind alle da und tanzen mit Hugo den Geburtstagstanz!

Aufgabe 2:
Mögliche Zuordnung der Instrumente und Anregungen für die musikalische Gestaltung:
hoppeln: mit dem Schellenring in der Hand hüpfen und so einzelne Klänge ertönen lassen
watscheln: die Stielkastagnette langsam mit schwenkenden Bewegungen aus dem Handgelenk schütteln und damit auch optisch den Watschelgang der Ente nachahmen
stampfen: einzelne Schläge auf dem Becken oder dem Tamburin
galoppieren: Klanghölzer schnell aufeinanderschlagen
trippeln: zwei Rasseln mit leichten, schnellen Bewegungen aus den Handgelenken auf und ab bewegen
krabbeln: mit den Fingerspitzen auf dem Trommelfell des Tamburins wie ein Käfer krabbeln
schlängeln: den Schlägel in schlängelnden Bewegungen auf dem Xylophon auf und ab führen

KV Seite 26 **Schnell und langsam**
Diese Kopiervorlage hat das Wortfeld „gehen“ zum Thema, wobei der Schwerpunkt auf der menschlichen Fortbewegung liegt. Nach der Anknüpfung an die Lektüre erarbeiten die Schüler, ob die angegebenen Gangarten langsam oder schnell ausgeführt werden. Diese Überlegungen vertiefen sie durch die pantomimische Darstellung der aufgeführten Bewegungen. Dadurch wird neben dem genauen Lesen auch die Vorstellungskraft der Kinder geschult.

Lösung
Aufgabe 1:
Sie will schnell in der ganzen Schule nach Moppel schauen.

Aufgabe 2:
langsam (rot): spazieren, bummeln, schlendern, humpeln, schlurfen
schnell (grün): huschen, sausen, rasen, flitzen, eilen, hasten, spurten

Weiterer Unterrichtsvorschlag

Sammeln Sie mit den Schülern Ideen, was Lilli und ihre Klassenkameraden tun könnten, wenn sie Moppel nicht finden. Mögliche Ergebnisse: andere Kinder, Lehrkräfte und Nachbarn befragen, im Außengelände suchen oder ein Suchplakat entwerfen und in der Umgebung aufhängen. Letzteres können die Schüler im Unterricht gestalten. Das Plakat sollte eine Zeichnung von Moppel zeigen, seinen Namen und die Tierart nennen, besondere Kennzeichen auflisten und Lillis Namen und ihre Telefonnummer enthalten. Es empfiehlt sich, diese Aufgabe mit einem Partner oder in Kleingruppen zu bearbeiten.

Seite 29 bis 32:
Moppel ist wieder da!

Inhalt

Die Suche der Kinder wird durch einen verärgerten Ausruf der Köchin unterbrochen. Lilli und ihre Freunde eilen in die Schulküche und sehen zu ihrer Erleichterung, wie das Kaninchen neben einer umgekippten Schüssel mit Mohrrüben sitzt und genüsslich an einer Möhre knabbert. Lilli ist glücklich, dass sie ihren Moppel wiederhat.

Gesprächs- und Schreibanlässe

Lilli ist erleichtert, die Köchin eher verärgert.
- Warst du auch schon einmal erleichtert? Warum?
- Warum ist die Köchin wohl verärgert?
- Wieso kann das gleiche Ereignis bei verschiedenen Menschen unterschiedliche Gefühle auslösen?

Moppel mag nicht nur Salat, er mag auch Mohrrüben.
- Was fressen Kaninchen noch?
- Welche anderen Gemüsesorten kennst du?
- Magst du Gemüse lieber roh oder gekocht? Erzähle.

Hinweise zu den Kopiervorlagen

KV Seite 27 **Ende gut, alles gut**
Neben einer Aufgabe zum Textverständnis des letzten Lektüreabschnitts umfasst diese Kopiervorlage eine Wortschatzübung. Die Kinder setzen sich mit Homonymen auseinander, wobei das Lösungswort „Blume“ von Auf-

gabe 2 der Aufhänger ist. Fragen Sie die Kinder danach, wofür das Wort noch verwendet wird und ob sie weitere Wörter kennen, die für zwei unterschiedliche Dinge stehen. Im Anschluss bearbeiten die Kinder Aufgabe 3 und notieren das verbindende Nomen zu jeweils zwei Bildern.

Lösung

Aufgabe 1:

„Was willst du denn hier?", ruft eine Stimme aus der Schulküche.
Alle Kinder laufen zur Mensa.
Lilli sieht eine umgekippte Schüssel und viele, viele Mohrrüben.
Zwischen den Möhren sitzt ein graues Kaninchen!
Moppel mag nicht nur Salat, er mag auch Mohrrüben.
Lilli ruft glücklich: „Moppel, da bist du ja!"

Aufgabe 2:

DEN KANINCHENSCHWANZ NENNT MAN BLUME.

Aufgabe 3:

Fliege, Maus, Schloss

Weiterführende Anregung

Spielen Sie mit den Kindern „Teekesselchen", wobei immer zwei Kinder ein Homonym umschreiben, z. B. so: „Auf meinem Teekesselchen kann man sitzen." – „Zu meinem Teekesselchen bringt man Geld." (Bank) Das Spiel trainiert die Sprachkompetenz und erweitert den Wortschatz. Geeignete Begriffe für Grundschüler sind Ball (Tanzveranstaltung / Spielzeug), Boxer (Hund / Sportler), Hahn (Wasserhahn / Tier), Erde (Planet / Boden), Tau (Seil / Niederschlag), Ton (Modelliermasse / Geräusch) und Birne (Frucht / Glühbirne).

KV Seite 28

Lecker

Diese Kopiervorlage geht der Frage auf den Grund, welches Futter für Kaninchen geeignet ist. Dabei können einige Schüler sicher auf Vorwissen zurückgreifen, sodass die Aufgaben weitgehend selbstständig gelöst werden können.

Lösung

Erdbeere, Gurke, Löwenzahn, Mohrrübe (Möhre, Karotte), Salat

Weiterführende Anregung

Sprechen Sie im Anschluss an das Arbeitsblatt mit den Kindern darüber, für welche anderen Tiere das Kaninchenfutter geeignet sein könnte. Was fressen Hunde, Katzen, Pferde, Mäuse oder Vögel? Hier kann auch auf die unterschiedlichen Beißwerkzeuge (Reißzähne, Nagezähne, Schnabel) eingegangen werden.

KV Seite 29

Kaninchen versorgen

Haustiere müssen regelmäßig versorgt werden. Hier setzt diese Kopiervorlage an. Die Kinder ergänzen, was Lilli tun muss, damit sich Moppel wohlfühlt. Anschließend bringen sie Sätze, die das Reinigen eines Haustierkäfigs beschreiben, in die richtige Reihenfolge. Die angegebenen Lösungsbuchstaben ermöglichen eine Selbstkontrolle.

Bei Aufgabe 4 empfiehlt es sich, eine Beispiellösung im Plenum zu erarbeiten, bevor die Kinder das Plakat in Partnerarbeit gestalten. Damit nicht nur Hund und Katze gewählt werden, geben Sie weitere Tiere vor und bieten dazu Kindersachbücher zur Recherche an.

Lösung

Aufgabe 1:

Sie gibt ihm täglich frisches Wasser und Futter.

Aufgabe 2:

1. Zuerst nimmt Lilli den Deckel vom Käfig herunter.
2. Sie holt Moppel und die Näpfe heraus.
3. Die alte Einstreu schüttet sie in einen Müllbeutel.
4. Nun macht sie den Käfig gründlich sauber.
5. Danach füllt Lilli frische Einstreu hinein.
6. Jetzt darf Moppel wieder in seinen sauberen Käfig.

Aufgabe 3:

AUCH MOPPEL MUSS SICH TÄGLICH PUTZEN.

Nach der Lektüre

Hinweise zu den Kopiervorlagen

KV Seite 30

Verschiedene Gefühle
Diese Kopiervorlage greift Gefühle auf, denen Lilli im Lauf des Haustiertages ausgesetzt ist. Die Kinder ergänzen passende Adjektive im Lückentext. Dann ordnen sie verschiedenen Smileys weitere Gefühle zu, was Sensibilität und Empathie fördert.

Lösung
Aufgabe 1:
Lilli ist sehr aufgeregt. Sie darf Moppel mit in die Schule nehmen. Sie ist froh, dass Mama Moppels Box trägt, denn die ist schwer. Wo ist Moppel? Lilli schaut Mathilda erschrocken an. Tränen laufen über Lillis Wangen. Sie ist traurig. Ah, da ist er ja! Lilli drückt ihr Kaninchen erleichtert an sich.

Aufgabe 2:

verliebt enttäuscht müde wütend

Aufgabe 3:
LEGT DAS KANINCHEN DIE OHREN AN, HAT ES ANGST.

Weiterführende Anregung
Die Kinder entschlüsseln die Bedeutung weiterer Emoticons bzw. Emojis, die sie von Smartphones und aus dem Internet kennen. Dies fördert die Fähigkeit zum symbolischen Denken. Umgekehrt können Sie die Schüler zu verschiedenen Gefühlen eigene Emojis zeichnen lassen. Als Vorgabe bieten sich Verben und Adjektive wie aufgeregt, beleidigt, durstig, frieren, gelangweilt, sauer, schwitzen oder überglücklich an. Alle Emojis können dann zusammengetragen und für ein Ratespiel genutzt werden. Wer erkennt die meisten Gefühle?

KV Seite 31/32

Das Moppel-Spiel
Zum Abschluss der Einheit macht ein Würfelquiz viel Spaß, das auf spielerische Weise Detailwissen zur Geschichte abruft. Können Fragen nicht beantwortet werden, geben die Seitenangaben auf den Karten Hinweise darauf, wo in der Lektüre die Lösung zu finden ist. Dadurch werden die Schüler aufgefordert, sich erneut mit dem Text zu beschäftigen und genau nachzulesen. Die Kinder können das Spiel um eigene Fragekarten erweitern. Besonders spannend wird es, wenn dabei auch Inhalte von den Arbeitsblättern aufgegriffen werden.

Weiterer Unterrichtsvorschlag

Im Sportunterricht setzen die Kinder Moppels Weg durchs Schulhaus in einem Parcours um. Eine Turnmatte stellt das Klassenzimmer und damit den Startpunkt dar. Eine mit einer Papierkarotte versehene Weichbodenmatte ist das Ziel.
1. Station: „Das ist also Frau Sauer. Die guck ich mir mal an." Kegel stellen die Salatblätter dar, die auf dem Weg zu Frau Sauer einen Slalomlauf erfordern.
2. Station: „Oh, die Tür ist offen, ich sause schnell raus." Zwei eng beieinanderstehende Kästen symbolisieren den schmalen Türspalt, durch den Moppel entwischt.
3. Station: „Auf dem Flur stehen Schuhe und Taschen herum." Kästen stellen Hindernisse dar und werden kletternd überwunden.
4. Station: „Ui, eine Treppe. Ob ich die schaffe?" Die Kinder klettern die Sprossenwand nach oben.
5. Station: „Und auf dem Geländer sause ich gleich wieder runter." Eine schräg an die Sprossenwand angelehnte Bank dient als Geländer zum Heruntersausen.
6. Station: „Huch, da kommt jemand!" Ein großer Satz mit Purzelbaum auf eine Weichbodenmatte rettet vor dem Gesehenwerden.
7. Station: „Vor dem Handarbeitsraum liegen Wollschnüre im Weg." Die Kinder balancieren auf Seilen zur nächsten Station.
8. Station: „Ein Kind hat sein Skateboard vor dem Klassenzimmer vergessen." Auf dem Rollbrett sausen die Kinder eine abgesteckte Strecke entlang.
9. Station: „Mmh, in der großen Schüssel riecht es nach leckeren Möhren! Gleich mal reinhopsen." Ein Trampolin vor der letzten Weichbodenmatte ermöglicht es den Kindern, direkt in die „Karottenschüssel" zu hopsen.

Nach einem normalen Durchlauf können die Kinder unterschiedliche Tiere nachahmen und die Stationen hoppelnd, krabbelnd oder „fliegend" bewältigen.

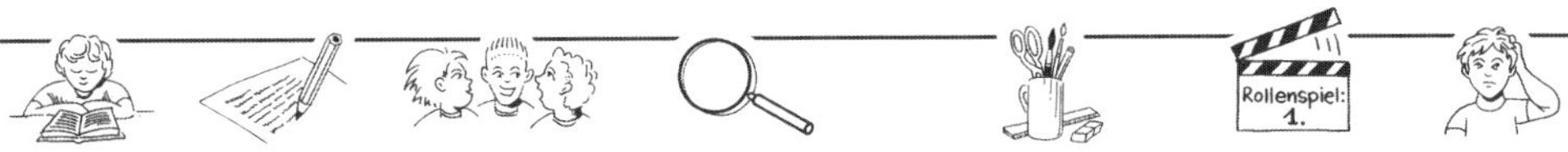

Name: ____________________

lesen schreiben sprechen Spracharbeit **malen / basteln** vorspielen rätseln

Die Moppel-Box

Bastle die Moppel-Box für alles, was du über Moppel erfährst.

So geht's:

1. Male alle Teile an.
2. Schneide die Formen aus.
3. Knicke die Formen an allen geraden Linien.
4. Streiche Kleber auf die grauen Flächen und klebe die Box so zusammen, dass die bemalten Flächen außen liegen.
5. Klebe den Teil mit dem Gesicht auf die passende weiße Innenseite.
6. Klebe die Ohren hinter dem Kopf und die Füße vorn auf.

Name:

lesen | schreiben | sprechen | Spracharbeit | malen/basteln | vorspielen | rätseln

Wem gehört welches Tier?

Welches Haustier gehört zu welchem Kind? Was passt noch dazu? Umfahre immer vier Kärtchen mit der gleichen Farbe.

Lilli

Hund

hat ein graues Fell

Katze

schwimmt in einem runden Glas

Malte

Goldfisch

hat graue Vorderpfoten

ist braun mit hellen Flecken

Kaninchen

Mathilda

Jonas

Jonas und Malte suchen zu jedem Buchstaben ihrer Namen ein Tier. Das Tier soll mit diesem Buchstaben beginnen. Hilf ihnen und schreibe passende Wörter auf.

J	Jaguar	**M**	
O		**A**	
N		**L**	
A		**T**	
S		**E**	

Name:

lesen schreiben sprechen Spracharbeit malen/basteln vorspielen rätseln

Haustiere

Erkennst du die Schattentiere? Welche dieser Tiere sind Haustiere? Kreise ein.

Schreibe die Namen der eingekreisten Tiere mit ihrem Artikel (Begleiter) auf.

Kennst du weitere Haustiere? Male sie hier auf.

Name:

lesen **schreiben** sprechen Spracharbeit **malen/basteln** vorspielen rätseln

Für Schlaue

Wahr oder falsch? Lies die Sätze. Male das passende Feld an.

	wahr	falsch
1. Lilli geht in die Grundschule.	8	2
2. Das Kaninchen heißt Mappel.	20	7
3. Mathilda hat ihren Hamster mitgebracht.	17	10
4. Lilli freut sich sehr auf den Haustiertag.	5	9
5. Ein Pferd war auch schon im Klassenzimmer.	12	11
6. Malte besitzt einen Goldfisch.	1	4
7. Jonas hat einen Hund als Haustier.	3	15
8. Moppel besucht die Klasse als erstes Tier.	14	6

Welches Haustier hat Frau Unruh? Male alle Felder mit den Lösungsbuchstaben von oben farbig an. Schreibe die Tierart auf.

Alle Zahlen kommen mehrmals vor.

Frau Unruh besitzt ein

______________________.

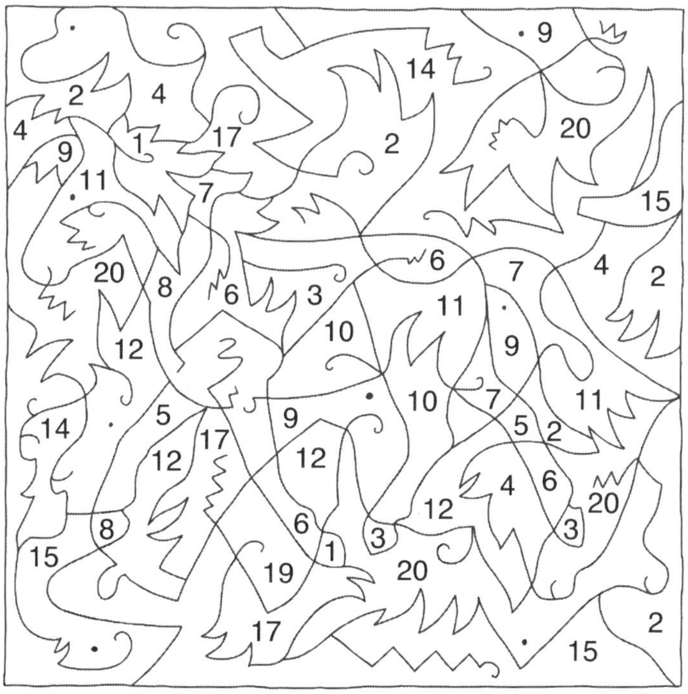

Hallo Moppel!

Lies die Sätze. Sind die Aussagen wahr oder falsch? Markiere die richtigen Buchstaben. Trage die Lösungsbuchstaben darunter ein.

	wahr	falsch
Die Kinder sitzen im Stuhlkreis.	LÖ	BU
Moppel hat kein weiches Fell.	TT	FF
Die Lehrerin verteilt Möhren.	ER	EL

DIE OHREN VON KANINCHEN NENNT MAN

☐☐☐☐☐☐.

Bringe die Sätze in die richtige Reihenfolge. Nummeriere zuerst die Satzteile. Schreibe die Sätze dann auf.

◯ ist ◯ Haustiertag. ◯ Heute

____

◯ Hannes ◯ das Kaninchen. ◯ streichelt ◯ Vorsichtig

____

◯ knabbert ◯ in Hannes' Hand. ◯ Moppel ◯ am Salatblatt

____

Name:

lesen schreiben sprechen Spracharbeit malen/basteln vorspielen rätseln

Schildkröten-Logical

Drei Kinder haben ihre Schildkröten in die Klasse mitgebracht.

Wem gehört welche Schildkröte und wie heißt sie? Lies den Text. Trage deine Lösung in die Tabelle ein. Male die Tiere in den richtigen Farben an.

Besitzer			
Tiername			

1. Eine Schildkröte heißt Susi.
2. Die Schildkröte in der Mitte ist braun und hat einen gelben Panzer.
3. Das Tier ganz rechts heißt Mio.
4. Eine Schildkröte ist schwarz und hat einen grauen Panzer.
5. Tom findet den gelben Panzer seiner Schildkröte am schönsten.
6. Die weiße Schildkröte mit dem grünen Panzer gehört Ben. Sie sitzt links neben Lucky.
7. Annas Schildkröte hört auf den Namen Mio.

Es gibt viele verschiedene Schildkrötenarten. Was weißt du bereits über diese interessanten Tiere? Schreibe auf.

Name:

lesen | schreiben | sprechen | Spracharbeit | malen/basteln | vorspielen | rätseln

Doppelt gemoppelt

Lies die Sätze. Was fällt dir bei den fett gedruckten Wörtern auf?

Wenn Lilli
ihr Kaninchen **füttert**,
bekommt sie
auch oft Hunger.
Mama macht ihr **dann**
ein **Butterbrot** mit **Kresse**.

Am liebsten mag **Lilli**
Mamas **Nudelsuppe**,
Kartoffeln mit Quark
und zum Nachtisch **Waffeln**
oder **Karottenkuchen**.

Im Buch findest du auf den Seiten 10 und 11 Wörter mit doppelten Mitlauten. Schreibe sie auf. Unterstreiche dann die doppelten Mitlaute.

Was isst du gerne? Male dein Lieblingsessen hier auf. Schreibe dazu, wie es heißt.

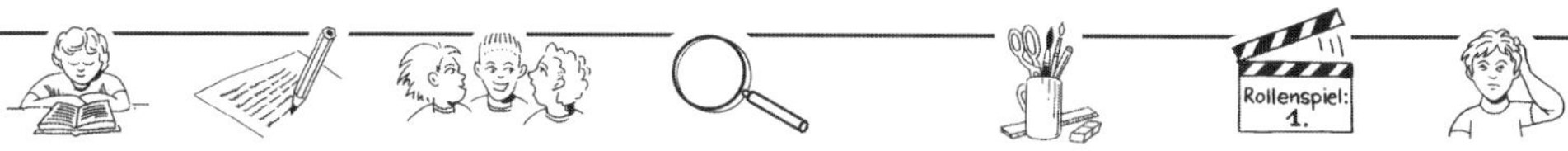

Name:

lesen **schreiben** sprechen Spracharbeit **malen/basteln** vorspielen rätseln

Wer wohnt wo?

Welches Tier lebt wo? Schneide die Memo-Teile unten auf der Seite aus. Lege sie mit dem Bild nach unten auf den Tisch. Drehe immer zwei Teile um. Findest du die Paare?

Wo wohnst du? Schreibe auf, wie dein Zimmer aussieht. Male es auf deinen Block.

✂

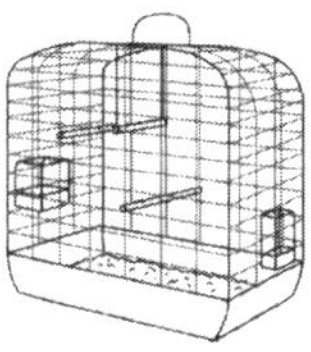	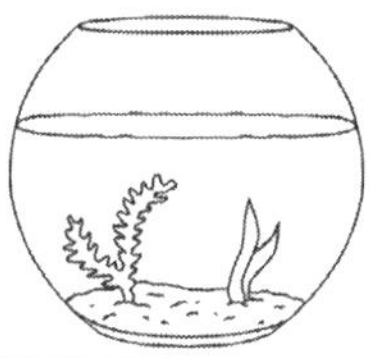	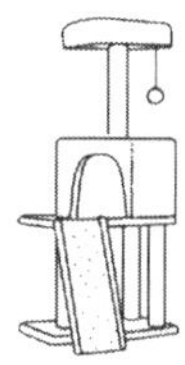	
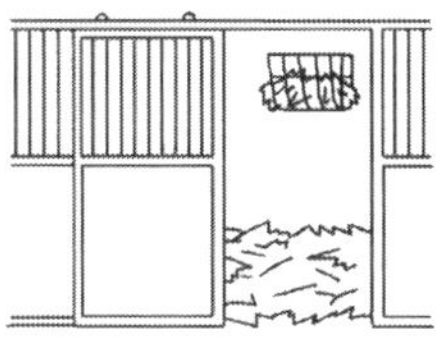	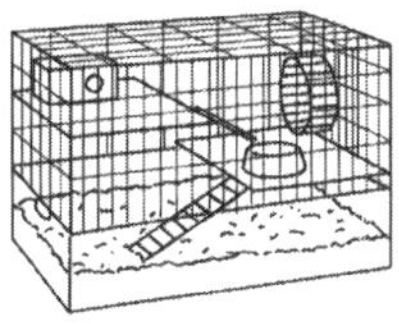		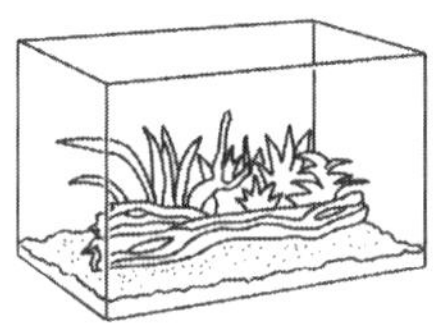
Hamster	Katze	Fisch	Vogel
Hund	Huhn	Pferd	Schlange

Was passiert hier?

Welche Wörter fehlen? Ergänze.

Lies auf den Seiten 12 und 13 nach.

Plötzlich klopft es an der ____________.

Es ist die ____________ der Schule.

Sie hat eine ____________ für Frau Unruh.

Löse das Kreuzworträtsel.

1. Wer klopft an der Tür? Frau …
2. Wie heißt Lillis Lehrerin? Frau …
3. Als sich die Kinder umdrehen, ist Moppel …
4. Auf dem Boden liegen nur noch ein paar …
5. Welchen Beruf hat Frau Sauer?
6. Frau Sauer hat eine … für die Lehrerin.

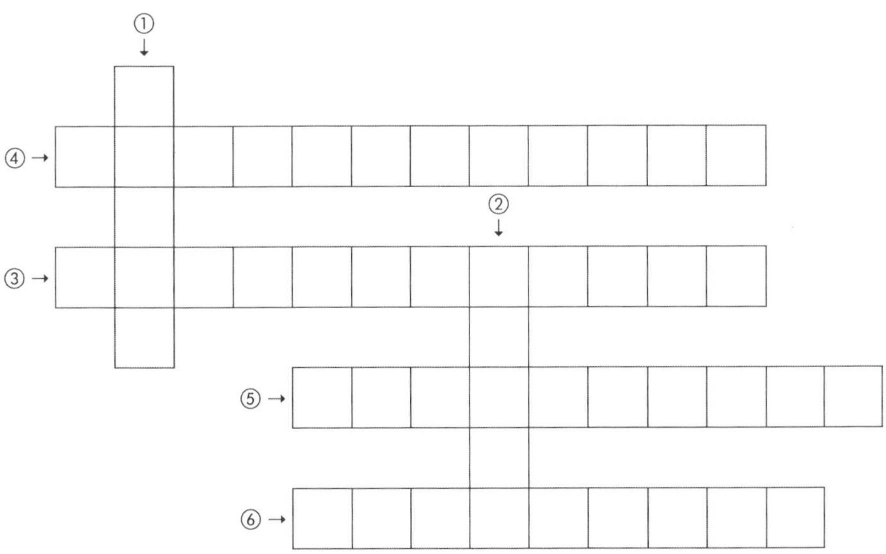

Wie könnte die Geschichte weitergehen? Schreibe in dein Heft.

Name:

lesen schreiben sprechen Spracharbeit malen/basteln vorspielen **rätseln**

Kurz nicht aufgepasst

Es klopft. Die Kinder schauen zur Tür und vergessen Moppel für einen Moment.

**Die Kinder sind abgelenkt.
Was ist damit gemeint? Kreuze an.**

- ☐ Sie achten auf etwas anderes.
- ☐ Ihre Gelenke schmerzen ein wenig.
- ☐ Sie haben Hunger.

Wir sind oft mit den Gedanken woanders.

Schneide die Dominoteile an der gestrichelten Linie aus. Lies die Texte und lege richtig an.

✂

… der Hund so laut bellt.	Susi hört Musik. Deshalb …	… einem Papierflieger.	Max hört Mamas Frage nicht. Er beobachtet …
… im Matheunterricht aufzupassen.	Anna kann nicht lesen, weil …	… braucht sie lange für ihre Hausaufgaben.	Herr Otto telefoniert beim Autofahren …
START	Tim spielt im Unterricht mit …	… er eine Nachricht liest.	Pit denkt an Fußball, statt …
… die Vögel durch das Fenster.	Ole sieht den Radfahrer nicht, weil …	… und achtet nicht auf den Straßenverkehr.	ENDE

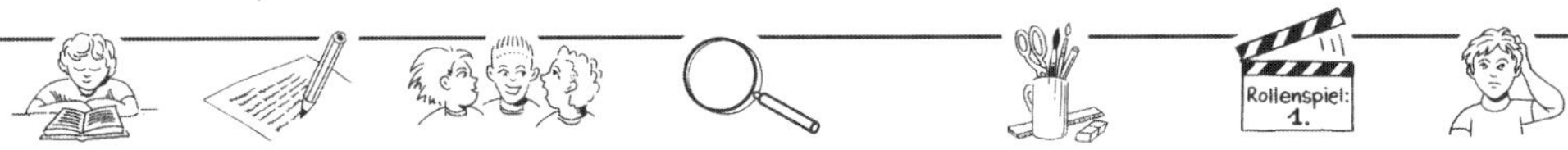

Name:

lesen **schreiben** **sprechen** Spracharbeit malen/basteln vorspielen rätseln

Nachrichten

Die Sekretärin hat eine Nachricht für Frau Unruh.

Was könnte Frau Sauer sagen? Schreibe in die Sprechblase.

Ordne jedem Begleitsatz die passende wörtliche Rede zu. Verbinde.

Oma stöhnt: •	• „Wir schreiben heute einen Test."
Der Lehrer verkündet: •	• „Pst, nicht so laut. Das Baby schläft."
Opa flüstert: •	• „Ich habe schlimme Kopfschmerzen."
Papa ruft ungeduldig: •	• „Beeil dich, wir müssen los!"

Nachrichten können uns auf vielen Wegen erreichen.

Schau dir die Bilder an. Überlege mit einem Partner, welche Nachrichten wir so erhalten.

Name:

lesen **schreiben** **sprechen** **Spracharbeit** malen/basteln vorspielen rätseln

Drunter und drüber

Die Kinder suchen Moppel überall.

Wo suchen sie zuerst, wo danach und wo zuletzt? Bringe die Sätze in die richtige Reihenfolge. Trage die Zahlen von 1 bis 4 ein.

Lies auf den Seiten 16 bis 22 nach.

Die Kinder schauen hinter den Pflanzen. ☐	Die Kinder schauen unter den Tischen. ☐	Jonas schaut hinter seinen Stuhl. ☐	Lilli schaut unter ihren Stuhl. ☐

Wo verstecken sich die Tiere der anderen Kinder gern? Sprich mit deinem Partner darüber.

Manche Wörter zeigen genau an, wo sich etwas befindet. Ergänze sie in den Sätzen.

1. Die Katze schläft ________ dem Sofa.
2. Die Maus sitzt ________ der Schachtel.
3. Die Lampe hängt ________ dem Tisch.
4. Der Junge versteckt sich ________ dem Baum.
5. Der Futternapf steht ________ der Hundehütte.
6. Der Ball liegt ________ dem Bett.

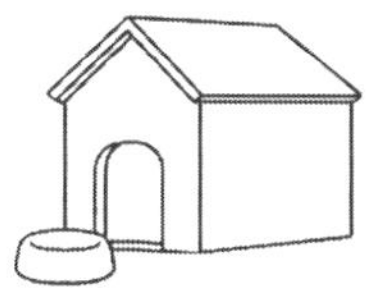

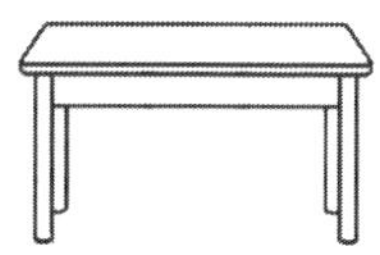
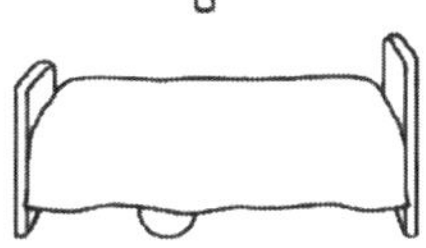
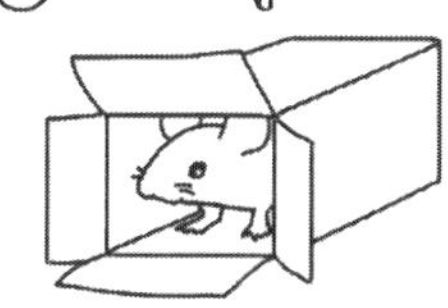

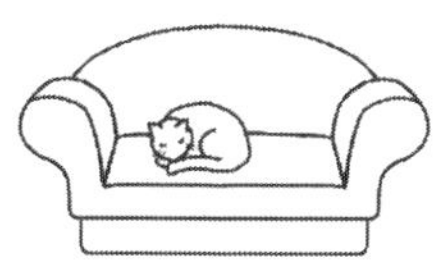

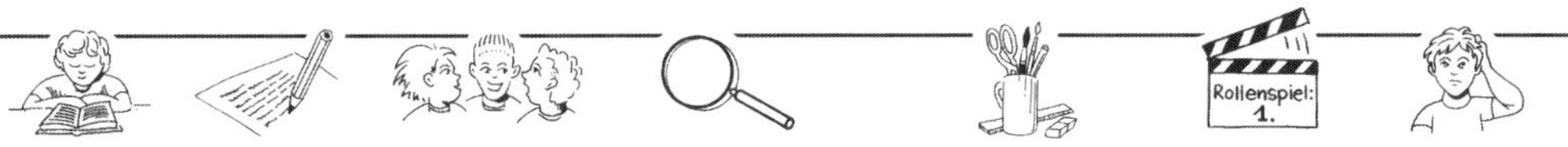

Name:

lesen **schreiben** **sprechen** Spracharbeit malen/basteln **vorspielen** rätseln

Tiergetrappel

Hugo Hirsch hat Geburtstag. Alle Tiere wollen ihm gratulieren.

Wie bewegen sich diese Tiere? Trage die fehlenden Buchstaben ein.

Achtung: Oft fehlen mehrere Buchstaben!

Das Kaninchen ho ___ elt über die Felder zu Hugo.

Die Ente wat ___ elt zum See und pa ___ elt zum anderen Ufer.

Der Bär stam ___ t durch den Wald.

Das Pferd galo ___ iert herbei.

Die Maus tri ___ elt den Waldweg entlang.

Der Käfer kra ___ elt über Stock und Stein.

Die Schlange schl ___ ngelt sich durchs Laub.

Jetzt sind alle da und tan ___ en mit Hugo den Geburtstagstanz!

Probiere aus, wie diese Instrumente klingen. Welches passt zu welchem Tier?

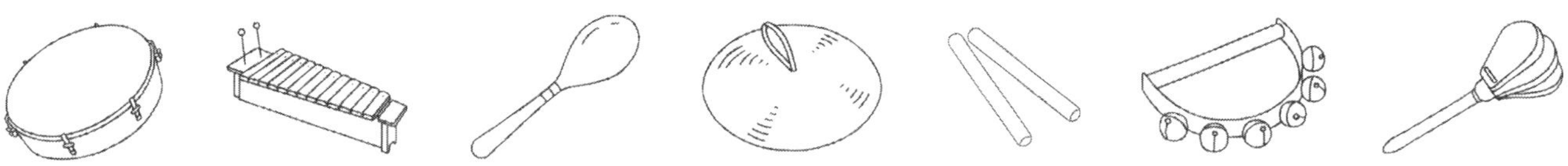

Wie sieht der Geburtstagstanz aus? Wähle gemeinsam mit einem Partner ein Tier aus und erfinde Tanzschritte dafür.

Name:

lesen schreiben sprechen Spracharbeit **malen/basteln** **vorspielen** rätseln

Rollenspiel: 1.

Schnell und langsam

Lilli rennt aus dem Klassenzimmer auf den Flur hinaus.

Warum rennt Lilli? Kreuze die richtige Antwort an.

- [ ] Sie möchte sehr gründlich und langsam die Schule durchsuchen.
- [ ] Sie will schnell in der ganzen Schule nach Moppel schauen.

Wir können auf verschiedene Arten gehen. Kreise langsame Wörter rot ein und schnelle grün.

spazieren huschen bummeln sausen rasen flitzen

schlendern humpeln eilen schlurfen hasten spurten

Lies die Sätze. Bewege dich passend dazu. Überlege, ob du langsam, schnell, laut oder leise sein musst.

1. Tim hüpft auf einem Bein.
2. Anna schleicht sich vorsichtig an.
3. Julie poltert die Treppe hinunter.
4. Enno stampft vor Wut mit dem Fuß auf.
5. Suna tippelt auf Zehenspitzen vor dem Spiegel auf und ab.
6. Lars springt wie der Wind über alle Hindernisse.
7. Ole watet durch den Sumpf.

Wähle einen der Sätze von oben aus. Male ein Bild dazu.

Name: ____________________ **lesen** **schreiben** sprechen **Spracharbeit** malen/basteln vorspielen rätseln

Ende gut, alles gut

Welche Satzteile gehören zusammen?
Verbinde mit Linien von Punkt zu Punkt.
Benutze dein Lineal.

Lies auf den Seiten 29 bis 32 nach.

„Was willst du denn hier?“, •	B A	• und viele, viele Mohrrüben.
Alle Kinder laufen •	L U	• ruft eine Stimme aus der Schulküche.
Lilli sieht eine umgekippte Schüssel •	M S	• er mag auch Mohrrüben.
Zwischen den Möhren •		• „Moppel, da bist du ja!“
Moppel mag nicht nur Salat, •	T	• zur Mensa.
Lilli ruft glücklich: •	E	• sitzt ein graues Kaninchen!

Male oben die nicht durchgestrichenen Buchstaben an. Trage sie von oben nach unten in die Kästchen ein.

DEN KANINCHENSCHWANZ NENNT MAN ☐☐☐☐☐.

Hier gibt es immer ein Wort für zwei Dinge. Schreibe die Wörter auf.

____

 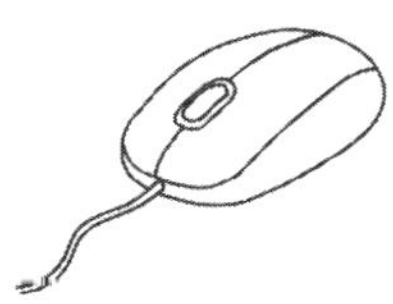

____

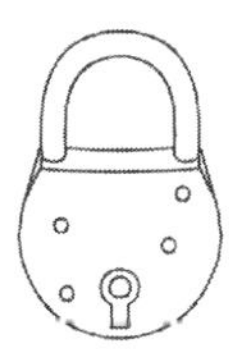 

____

Name:

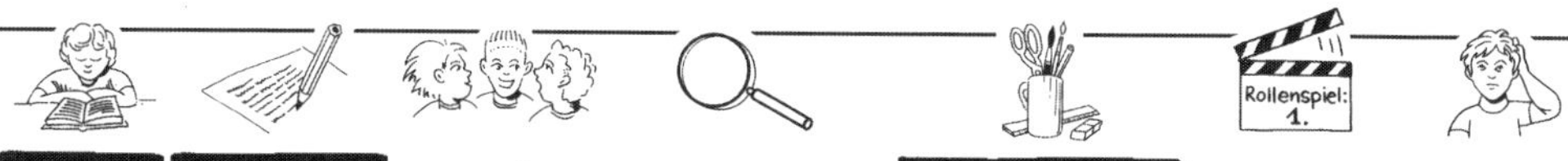

lesen schreiben sprechen Spracharbeit malen/basteln vorspielen rätseln

Lecker

Moppel frisst gerne Salatblätter.

Welches Futter ist für Kaninchen gut? Schneide unten aus, was Moppel fressen darf. Klebe es um ihn herum auf. Schreibe darunter, was es ist.

Male Moppels Futter in den richtigen Farben an.

Name: ____________________

lesen **schreiben** sprechen Spracharbeit malen/basteln vorspielen rätseln

Kaninchen versorgen

Was muss Lilli tun, damit sich Moppel wohlfühlt? Trage die fehlenden Buchstaben ein.

Sie gibt ihm täglich frisches Wa ☐ er und Fu ☐ er.

Lilli macht außerdem Moppels Käfig regelmäßig sauber.

Wie wird der Käfig gereinigt? Arbeitet zu zweit. Bringt die Schritte in die richtige Reihenfolge.

	T	Die alte Einstreu schüttet sie in einen Müllbeutel.
	E	Danach füllt Lilli frische Einstreu hinein.
	U	Sie holt Moppel und die Näpfe heraus.
	N	Jetzt darf Moppel wieder in seinen sauberen Käfig.
1	P	Zuerst nimmt Lilli den Deckel vom Käfig herunter.
	Z	Nun macht sie den Käfig gründlich sauber.

Trage die Lösungsbuchstaben passend in die Kästchen ein.

AUCH MOPPEL MUSS SICH TÄGLICH ☐1 ☐2 ☐3 ☐4 ☐5 ☐6 .

Such dir ein Haustier aus. Überlege mit einem Partner, wie das Tier versorgt werden muss. Gestaltet ein Plakat mit Pflegehinweisen.

Name:

lesen **schreiben** sprechen Spracharbeit malen/basteln vorspielen rätseln

Verschiedene Gefühle

Lies den Text. Trage die Wörter aus dem Kasten an den richtigen Stellen ein.

traurig	erleichtert	aufgeregt	erschrocken	froh

Lilli ist sehr ________. Sie darf Moppel mit in die Schule nehmen.

Sie ist ________, dass Mama Moppels Box trägt, denn die ist schwer.

Wo ist Moppel? Lilli schaut Mathilda ________ an.

Tränen laufen über Lillis Wangen. Sie ist ________.

Ah, da ist er ja! Lilli drückt ihr Kaninchen ________ an sich.

Welches Gefühl passt hier? Kreuze an.

☐ verliebt (N)
☐ hungrig (S)

☐ enttäuscht (G)
☐ zufrieden (H)

☐ müde (S)
☐ froh (A)

☐ traurig (B)
☐ wütend (T)

Wie zeigt Moppel Gefühle? Trage die Lösungsbuchstaben in die Kästchen ein.

LEGT DAS KANINCHEN DIE OHREN AN, HAT ES | A | | | | |.

Fragekarten für das Moppel-Spiel

Schneidet die Fragekarten aus. Legt sie verdeckt auf den Tisch.

So wird gespielt:
1. Ihr braucht einen Würfel und für jeden Spieler eine Spielfigur.
2. Stellt eure Spielfiguren auf Start.
3. Würfelt der Reihe nach. Geht so viele Felder vor, wie der Würfel zeigt.
4. Beachtet die Symbole auf dem Spielplan.
5. Wer zuerst das Ziel erreicht, hat gewonnen.

✂

Welche Farbe hat Moppels Fell? (Seite 8)	Was für ein Tier hat Mathilda? (Seite 6)	Wem gehört der Goldfisch? (Seite 7)
Welchen Beruf hat Frau Unruh? (Seite 9)	Wer ist Frau Sauer? (Seite 12)	Was frisst Moppel am Anfang der Geschichte? (Seite 10)
Woran knabbert Moppel, als Lilli ihn findet? (Seite 32)	Welches Haustier hat Hannes? (Seite 19)	Wo versteckt sich der Goldfisch gern? (Seite 20)
Wer entdeckt Moppel zuerst? (Seite 30)	Wo finden die Kinder Moppel? (Seite 30)	Warum darf Moppel mit in die Schule? (Seite 5)
Was für ein Tier ist Moppel? (Seite 5)	Wo versteckt sich Jonas' Hund gern? (Seite 17)	Worin bringt Lilli Moppel zur Schule? (Seite 9)
Wie fühlt sich Moppels Fell an? (Seite 11)	Wo liegt Mathildas Katze gern? (Seite 18)	Warum weint Lilli? (Seite 27)

Das Moppel-Spiel

Einmal aussetzen! Einmal um den Tisch hoppeln! Fragekarte nehmen.

Bei richtiger Antwort normal weiterspielen, bei falscher Antwort drei Felder zurückgehen.